Estudios bíblicos

Mensajes cristianos.

Seminario Vida Nueva. Pastor Gonzalo Sanabria.

Te invitamos a visitar nuestro sitio web:
Estudiosysermones.com

Te invitamos a adquirir otros libros del autor Gonzalo Sanabria (en Amazon):
Tomo 1. Palabras que transforman el corazón, 55 sermones para predicar.
Sermones para predicar, tomos 3, 4, 5 y 6.
75 Sermones para estudiar y predicar.
Bosquejos y sermones para predicar.

Puedes conocer más de 80 libros publicados por el mismo autor en: **Gonzalo Sanabria Amazon.com**

DEDICATORIA

Dedico este libro a mi buen Dios, por Su amor y paciencia conmigo. A Jesucristo mi salvador y maestro y al Espíritu Santo bendito Consolador. A mi linda esposa regalo de Dios y a mi hijo.

AGRADECIMIENTOS

A mi familia, a la iglesia local por su apoyo y oraciones, a todos los que leen nuestras publicaciones, y por supuesto a Dios, quien me da la fuerza y la capacidad para escribir y desarrollar el llamado que me ha hecho.

Contenido

INTRODUCCIÓN

Este libro está compuesto por bosquejos o sermones listos para estudiar y enseñar la palabra de Dios a grupos e iglesias.

Estudios debidamente organizados, con alto contenido bíblico, enriquecidos con notas y comentarios que tienen en cuenta el contexto, la cultura, historia, geografía y significado de palabras claves (según sea el caso) sin dejar de lado las notas prácticas y actuales para nuestro diario vivir.

Es una herramienta de apoyo y consulta para predicar y estudiar la palabra de Dios, los sermones están bosquejados de manera sencilla y fácil de usar. Cada mensaje contiene una introducción, varios puntos principales de exposición bíblica (cada uno con sus respectivas notas y comentarios) y una conclusión.

Esperamos que puedas tenerlo, estudiarlo y que sea en tus manos un instrumento de apoyo y bendición para tu vida y para el servicio a Dios.

CAPÍTULO 1

LA OBRA DE DIOS ES MARAVILLOSA

Introducción: El Señor Jesús usa en ésta ocasión un cultivo conocido por todos en tierras orientales (la vid), y mediante este ejemplo enseña verdades espirituales que son esenciales en la vida cristiana. Dios usa todos los medios necesarios para enseñarnos, pues su voluntad es bendecirnos.

Jesús dijo: "Yo soy la vid verdadera, y Mi Padre es el viñador. Todo sarmiento que en Mí no da fruto, lo quita; y todo el que da fruto, lo poda para que dé más fruto. Ustedes ya están limpios por la palabra que les he hablado" Juan 15:1-3.

Podemos ver según el contexto del pasaje bíblico de hoy varios detalles importantes: el Señor Jesús está en el aposento alto con sus discípulos solamente, es entonces una enseñanza en la comunión íntima con el Maestro (debemos tener presente que Dios nos llama a esa intimidad, y allí nos enseñará secretos de su corazón, son aquellas cosas que ojo no vio, ni oído oyó antes).

El Señor Jesucristo es la vid verdadera (desde el griego significa: veraz, genuina), es pues la vid que genera verdadera vida, es la que sacia realmente el corazón humano.

De manera implícita podemos decir entonces que hay falsas "vides", pueden ser los ídolos, las drogas, la vida desenfrenada, el alcohol, entre muchos otros, cosas en las cuales el hombre quiere saciar la sed de su ser, pero más bien vive un mayor vacío, esto se debe a que solo Jesucristo puede llenar realmente el corazón humano.

Por naturaleza el viñador es quien prepara la tierra, la siembra, la riega y cuida los cultivos. En éste caso el Padre celestial es el viñador o labrador (es decir es quien cuida la viña, él hace la poda, etc).

Cada uno de nosotros estamos representados en los pámpanos, estos son los canales que alimentan el proceso del fruto, y sostienen las uvas. Como está escrito algunos son quitados por falta de fruto, y otros son limpiados para llevar así más fruto.

La poda se realiza con el cuchillo y la tijera. Las ramas secas y estériles, para nada útiles, son cortadas. La vid no presenta resistencia alguna (podemos recordar aquí la frase de Isaías: "como cordero fue llevado al matadero, enmudeció, no abrió su boca"). Es aquella obra donde el Padre celestial quiere quitar de nosotros lo que no sirve a sus planes.

El Señor Jesús dijo a sus discípulos: "Ya vosotros estáis limpios por la palabra que os he hablado". Uno de los símbolos de la Palabra de Dios es precisamente el agua, lo vemos por ejemplo en el Salmo uno que nos dice: "Bienaventurado aquel cuya delicia es la ley de Jehová... será como árbol plantado junto a corrientes de aguas, que da su fruto en su tiempo... y todo lo que hace prosperará".

Cuán grande y hermoso es el poder de Su palabra, pues refleja nuestra genuina condición y nos permite limpiar los pecados en la sangre del Cordero de Dios. Haz tu maravillosa obra Dios en cada uno de nosotros.

(Nota: Sí deseas ser informado de nuestros próximos libros y las promociones gratuitas que ofreceremos, y sí aún no lo has hecho, envíanos tu correo electrónico a: contactolibrosgs@gmail.com Será para nosotros un gusto que formes parte de nuestros contactos).

CAPÍTULO 2

DIOS PONE ORDEN EN NUESTRA VIDA

Introducción: Al considerar la situación de la tierra según Génesis 1, podemos ver inicialmente al menos tres características que se destacan, estas son: desorden, vacío y tinieblas. Veamos lo que la Biblia nos dice:

Génesis 1:2-3 "Y la tierra estaba desordenada y vacía, y las tinieblas estaban sobre la faz del abismo, y el Espíritu de Dios se movía sobre la faz de las aguas. Y dijo Dios: Sea la luz; y fue la luz". Esto es también un reflejo de nuestra vida.

La verdad es que en ciertas circunstancias de la vida parece que así estuviera también nuestra realidad, pues por las crisis o a raíz de las malas decisiones, nuestro hogar y las finanzas experimentan el desorden; o a lo mejor por la desobediencia vivimos un vacío, es cómo si anduviéramos sobre la nada y los poderes del reino de las tinieblas golpean nuestra vida.

Es muy importante lo que el pasaje bíblico nos dice a continuación: "el Espíritu de Dios se movía". Entonces el Señor no abandonó su proyecto, Dios mismo estaba presente y pendiente. La frase "se movía" se traduce de la palabra hebrea "rakjáf" que además significa: empollar, revolotear.

Si nos quedamos sólo con las características iniciales diríamos: "no hay nada que hacer, todo está muy mal" o "es imposible restaurar", todo es tinieblas, vacío y caos.

Sin embargo el Señor estaba allí disponiendo las cosas para su obra, él estaba cubriendo con sus alas aquella tierra, estaba organizando, cómo las aves se disponen para el nacimiento de sus hijos y preparan el nido. El Señor haría una maravillosa obra, una tierra hermosa y muy bien organizada, con las mejores condiciones.

Luego Dios habló: "y dijo Dios", de la boca del Señor sale ahora Su palabra, ésa Palabra que transforma, que restaura y ordena todo lo que está mal y desordenado en nosotros. Esa Palabra que corrige e ilumina nuestras decisiones, aquella que nos alimenta y edifica; por eso debemos bendecir y amar Su palabra.

Vemos al final en el versículo tres que aparece la luz, tengamos presente aquí que la luz del sol y de las estrellas aparece después pues fueron creados en el día cuarto, esta luz es de Dios quien hace resplandecer su gloria sobre la tierra de una manera especial.

Podemos recordar que le Señor Jesús dijo: "yo soy la luz del mundo", es Su luz la que requerimos todos los días, ante ésta luz las tinieblas retroceden, es la luz que saca a los prisioneros de los oscuros calabozos de la tristeza, condenación y aflicción, es la luz que resplandeció para salvación de la humanidad. Gracias Dios por tu cuidado y amor.

Te invitamos a adquirir nuestra serie de estudios cristianos en Amazon: Sermones cristianos –Bosquejos y estudios bíblicos.

CAPÍTULO 3

Nos dice la Biblia Jonás 1:1-3 "La palabra del SEÑOR vino a Jonás, hijo de Amitai: "Levántate, ve a Nínive, la gran ciudad, y proclama contra ella, porque su maldad ha subido hasta Mí." Jonás se levantó, pero para huir a Tarsis, lejos de la presencia del SEÑOR. Y descendiendo a Jope, encontró un barco que iba a Tarsis, pagó el pasaje y entró en él para ir con ellos a Tarsis, lejos de la presencia del SEÑOR".

Sin duda es una gran bendición escuchar al Señor, él sigue hablando a sus hijos. Precisamente el Espíritu de Dios ha venido a morar en cada cristiano y mediante Su testimonio revela la voluntad de Dios para sus hijos, ese mensaje es recibido en nuestro interior y esto debe ser una razón de gozo.

Podemos ver que ante la voz de Dios hay diversas reacciones. Por lo general cuando él nos delega un privilegio o desafío viviremos mucha alegría en el corazón y por eso avanzamos con toda pasión para hacer lo que el Señor nos ha mandado. Lamentablemente en otros momentos la respuesta es cómo la del profeta Jonás, es decir huir.

La pregunta es ¿Por qué a veces reaccionamos huyendo al llamado del Señor? Podemos ver algunas razones:

a) Tal vez la palabra que escuchamos del Señor no es agradable por nuestros propios deseos.

b) Lo que el Señor nos delega no responde según las expectativas egoístas que tenemos.

c) Quizá los complejos del corazón impiden avanzar y creer en cosas grandes.

d) A lo mejor temor a los resultados.

e) En otras ocasiones los fracasos anteriores hacen creer que será un fracaso más.

Es muy interesante destacar que el versículo tres nos dice: "pagando su pasaje", aquel viaje era muy largo y por ende de alto valor, esto nos recuerda el alto valor que implica no hacer la voluntad de Dios, y aun las personas que nos rodean también sufren pérdidas (como les aconteció a los marineros que llevaban a Jonás el profeta).

La razón del profeta era "irse lejos de la presencia de Jehová", es muy interesante reflexionar en esto, pues él sabía que Dios es omnipresente y por tanto su presencia está en todo lugar. Pero el concluyó que podía huir del Señor ¿Qué le pasó?

Seguramente es lo mismo que pasa hoy, es decir sabemos muchas cosas del Señor, pero el ego y la dureza del corazón humano son más fuertes y terminan haciendo su propia voluntad, con los consecuentes malos resultados.

Conclusión: Ésta experiencia del profeta Jonás nos recuerda que el Señor habla, y que es fundamental obedecer. Recordemos que la obediencia es la mejor adoración. Cuando obedecemos al Señor, él es glorificado y otros son salvados y nosotros somos bendecidos.

(Te invitamos a leer nuestro libro en Amazon.com: <u>Bosquejos bíblicos listos para predicar</u>).

CAPÍTULO 4

JESÚS Y LA TORMENTA EN EL MAR DE GALILEA

Introducción: La Escritura nos enseña que varios de los discípulos eran pescadores, crecieron junto al mar de Galilea, y por tanto conocían muy bien aquel lago.

En cierta ocasión tenían que cruzarlo y seguramente concluyeron que la noche estaba muy bien para atravesar el lago, sin embargo la Biblia nos dice "pero se levantó una gran tempestad", fue algo repentino. En diversas ocasiones nos damos cuenta que la experiencia y la capacidad son incapaces ante ciertas tempestades o crisis del diario vivir.

El evangelio de Marcos 4:35-39 nos dice: "Ese mismo día, caída ya la tarde, Jesús les dijo: "Pasemos al otro lado." Despidiendo a la multitud, Lo llevaron con ellos en la barca, como estaba; y había otras barcas con El. Pero se levantó una violenta tempestad, y las olas se lanzaban sobre la barca de tal manera que ya la barca se llenaba de agua.

Jesús estaba en la popa, durmiendo sobre una almohadilla; entonces Lo despertaron y Le dijeron: "Maestro, ¿no Te importa que perezcamos?" Jesús se levantó, reprendió al viento y dijo al mar: "¡Cálmate (Calla), sosiégate (enmudece)!" Y el viento cesó, y sobrevino una gran calma."

Es necesario ser consciente de la realidad de las tormentas en la vida. El mar de Galilea es llamado así por su inmenso tamaño en contraste con el territorio de la nación de Israel, es un inmenso lago de agua dulce.

Por el bajo nivel del lago la temperatura del aire es más caliente que en las montañas que están alrededor y por la planicie del Jordán aparecen vientos fuertes que vienen del Hermón, todo esto da como resultado la formación de inesperadas tormentas. Como en muchas ocasiones sucede en la vida, las tormentas llegan cuando menos se esperan.

El Señor Jesús dormía, él estaba confiado en el cuidado de su Padre celestial, es precisamente esa certeza la que genera paz, tranquilidad y confianza. En contraste vemos a los discípulos temerosos e incrédulos, el temor es lo contrario a la fe, ésta se nutre con la Palabra del Señor, mientras que el temor se fortalece con las palabras de ruina y fracaso.

Debemos tener en cuenta que el Señor Jesús le habló a la tormenta. Por eso la Biblia nos dice que la vida o la muerte están en la boca. Los discípulos estaban hablando de morir. Debemos preguntarnos ¿cómo hablamos cuando estamos en medio de la tormenta? Pues las palabras fortalecerán la tormenta o la harán desaparecer. Hay poder en las palabras.

El Señor Jesús aplicó allí su fe y su autoridad, él le habló a aquella tormenta, y declaró la "bonanza" = palabra traducida del griego "galene" que traduce además: calma, gozo, raíz de sonreír.

Nos dice la Biblia que Jesús "reprendió al viento… y cesó el viento", entonces es necesario hablar con autoridad y fe al origen del problema y Dios se levantará para ayudarte.

Debemos ver también que el día había tenido mucho trabajo, Jesús estuvo enseñando y ministrando, por eso nos dice el texto: "despidiendo a la multitud" = versículo 36a, y por eso dormía, pero de repente surge una tormenta.

Seguramente obstáculos surgirán cuando avanzas hacía el plan del Señor, pero persevera porque el propósito de Dios prevalecerá por encima de los problemas.

Conclusión: Una tempestad puede venir para evitar que avances, o tal vez procura producir miedo e incredulidad, pero persevera adelante hay una gran victoria en Cristo Jesús, él es tu fuerza y te ayuda.

Te invitamos a adquirir la serie de estudios cristianos, aquí en: Sermones cristianos –Bosquejos y estudios bíblicos.

CAPÍTULO 5

LA FE EN DIOS GENERA MILAGROS

Introducción: La biblia nos describe un milagro lleno de enseñanzas para nuestra vida, leamos Lucas 17:11-16 "Yendo Jesús a Jerusalén… le salieron al encuentro diez hombres leprosos… y alzaron la voz, diciendo: ¡Jesús, Maestro, ten misericordia de nosotros!

Cuando él los vio, es dijo: Id, mostraos a los sacerdotes. Y mientras iban, fueron limpiados. Uno de ellos, viendo que había sido sanado, volvió, glorificando a Dios a gran voz, y se postró rostro en tierra a sus pies, dándole gracias; y éste era samaritano"

La fe en Dios ante la dificultad es fundamental. El pasaje bíblico nos dice: "yendo Jesús a Jerusalén… ellos le salieron al encuentro", los leprosos se dieron cuenta que Jesús pasaba y lo buscaron. Es triste pero las angustias nos acercan al Señor. La vida de un leproso era difícil: pues según la mentalidad hebrea esa persona estaría bajo el juicio divino.

Ellos debían vivir en las afueras de la ciudad, además anunciar su estado cuando alguien se acercara, no podían entrar al templo por su condición, y seguramente perdían su familia, su vida social normal., etc. En medio de todo eso ellos buscaron al Señor, a pesar de la crisis tenían fe, y clamaron a Dios.

El Señor Jesús los escuchó y atendió. "Cuando él los vio..." recordemos que Jesús iba camino a la ciudad de Jerusalén, y se detuvo y los escuchó. Por eso debemos procurar captar la atención del Señor, clamar y él responderá.

El Señor Jesús demanda un acto de fe por parte de ellos, por eso les dijo: "id, mostraos a los sacerdotes", sin duda fue un paso de obediencia y por supuesto de fe, y "aconteció que mientras iban, fueron limpiados", entonces mientras ellos actuaban creyendo la palabra del Señor fueron sanados, vemos aquí un ejemplo de ejercitar la fe en la palabra del Señor.

La Biblia nos dice que el samaritano volvió para agradecer, vemos además que su corazón anhelaba estar con el Señor: "Se postró en tierra a sus pies" era un samaritano, concluimos que los otros eran judíos. Éste samaritano adoró al Señor Jesús, y le agradeció su bondad. Es muy importante tener un corazón agradecido y desarrollar la fe en el cuidado de Dios.

Conclusión: Dios sigue haciendo milagros, la fe en su poder genera su intervención en nuestra vida diaria. Él hace cosas que nadie más puede hacer. Confía en el Señor y agradece su obra cada día. Es el quien tiene cuidado de ti y de tu familia.

CAPÍTULO 6

QUIERO MÁS DEL ESPÍRITU SANTO

Sin duda la pasión por la presencia de Dios es fundamental en nuestra vida como cristianos, así como perseverar ante las dificultades. EL Señor Jesús le dijo a la iglesia de Efeso: "Tengo contra ti que has dejado tu primer amor". Nuestro amor por Dios es algo que debemos cuidar con diligencia y esmero.

Veamos el caso de Eliseo: "Cuando ya habían pasado, Elías le dijo a Eliseo: "Pide lo que quieras que yo haga por ti antes de que yo sea separado de ti." Y Eliseo le respondió: "Te ruego que una doble porción de tu espíritu sea sobre mí." Elías le dijo: "Has pedido una cosa difícil. Sin embargo, si me ves cuando sea llevado de tu lado, así te sucederá; pero si no, no será así" 2 Reyes 2:9-10.

En éste capítulo podemos ver que en tres ocasiones el profeta Elías le pide a Eliseo que se quede en ciertos lugares, pero Eliseo no lo deja ir solo. Éste deseaba una doble porción del Espíritu de Dios que estaba sobre el profeta Elías. Hombres como Elías y Eliseo conocían muy bien al Espíritu Santo y querían más de su presencia.

Gracias debemos dar a Dios por las bendiciones recibidas, pero Dios desea darnos más. Las personas que servimos al Señor somos instrumentos en sus manos y sin él nada efectivo y trascendente podemos lograr. No importa cuáles sean los problemas a superar, siempre el Señor será más poderoso.

Es muy interesante ver que en el ministerio del profeta Elías hay 7 milagros, pero en el ministerio del profeta Eliseo ocurrieron catorce 14 milagros (esto representa la doble porción), el Señor cumple su palabra, y ella nos dice: "la gloria postrera será mayor que la primera". Esto implica un continuo deseo por ver más la manifestación de Dios en nuestra vida.

Conclusión: El Señor quiere llevarnos a nuevos niveles de gloria, esto requiere pasión por su presencia y desear con motivos correctos el poder de Dios en nuestra vida. Adelante, Dios trae cosas nuevas y maravillosas para ti.

(Te invitamos a leer nuestro libro en Amazon.com: 75 Sermones para estudiar y predicar).

CAPÍTULO 7

Introducción: El ministerio del Señor Jesús fue sin duda una obra de liberación. La Biblia nos enseña que él trajo libertad y salvación del pecado y condenación, por eso en su obra aquí en la tierra hizo bienes y sanó a todos los afligidos por satanás, y actualmente sigue liberando a todo aquel que se acerca a él.

La Biblia nos dice: Jesús llegó a Nazaret, donde había sido criado, y según Su costumbre, entró en la sinagoga el día de reposo, y se levantó a leer. Le dieron el libro (el rollo) del profeta Isaías, y abriendo el libro, halló el lugar donde estaba escrito:

"El Espíritu del Señor esta sobre mí, porque me ha ungido para anunciar el evangelio a los pobres. Me ha enviado para proclamar libertad a los cautivos, y la recuperación de la vista a los ciegos; para poner en libertad a los oprimidos; para proclamar el año favorable del Señor" Lucas 4:16-19.

La humanidad estaba cautiva bajo el dominio de las tinieblas, esto ocurrió en el momento en el que Adán pecó en el Huerto del Edén y satanás tomó la autoridad. El ser humano ante el pecado y sin conocer al Señor y su poder iba camino al infierno por siempre, pero llegado el tiempo vino Jesús con su poder y amor para redimir al ser humano.

El Señor Jesucristo tuvo un gran ministerio de liberación. En los evangelios esto se muestra claramente, por ejemplo cuando nos dice: "Se extendió Su fama por toda Siria; y traían a El todos los que estaban enfermos, afectados con diversas enfermedades y dolores, los endemoniados, epilépticos y paralíticos, y El los sanaba" Mateo 4:24.

También nos dice: "Al ponerse el sol, todos los que tenían enfermos de diversas enfermedades se los llevaban a Él; y poniendo las manos sobre cada uno de ellos, los sanaba. También de muchos salían demonios, gritando: "¡Tú eres el Hijo de Dios!" Pero, reprendiéndolos, no les permitía hablar, porque sabían que El era el Cristo (el Mesías)" Lucas 4:40-41.

Vemos entonces que la liberación fue una parte que se destaca en el ministerio del Señor Jesucristo (y este ministerio el Señor lo delegó en su iglesia, por eso dice la Biblia: "en mi Nombre echaran fuera demonios)".

El texto bíblico nos enseña el poder libertador de Jesucristo. La expresión: "A pregonar libertad para los cautivos" desde las palabras griegas usadas aquí nos expone la idea de publicar o dar a conocer libertad para una persona capturada por la lanza o como prisionero de guerra.

Entonces se refiere a un conflicto (o doloroso trauma) en el que la persona fue capturada (hecha cautiva) por el enemigo (hablamos de heridas en su corazón, abusos, rechazo, maltrato, entre otros más) y como resultado su vida o alguna área de su corazón no puede experimentar libertad y las bendiciones planeadas por Dios para su vida.

Un ejemplo podemos verlo ante un abuso del padre que produjo un resentimiento en la infancia, y aparece luego una gran muralla en la relación padre e hijo en la adultez, y eso afecta por supuesto la construcción de la relación con Dios el Padre celestial.

La frase: "Poner en libertad a los oprimidos" desde el griego de la Biblia indica el devolver o enviar en libertad (es decir soltar, perdonar, despedir), a la persona herida, maltratada, o que ha vivido el quebranto.

Hablamos de la persona que está bajo un yugo de esclavitud o bajo un manto de tristeza, dolor, decepción o frustración debido a los fracasos o caídas emocionales y/o materiales.

En la expresión "A predicar el año agradable del Señor", debemos resaltar "el año agradable". Este hace referencia al año del jubileo en el que se perdonaban las deudas y se dejaban en libertad a los esclavos, es entonces un tiempo de perdón y libertad. Es el tiempo en el que Jesucristo vino a traer perdón, libertad y salvación. Jesús rompe las cadenas de las adicciones y todo grillete de esclavitud.

Conclusión: Dios desea la libertad, restauración y salvación para todas las personas. Sólo espera que nos acerquemos con un corazón humilde y dispuesto. Jesucristo ha venido a traer libertad para los cautivos, y vida eterna para la humanidad.

CAPÍTULO 8

JESÚS ES MI AYUDA

Introducción: Las pruebas o problemas son diversos, así como también lo es su intensidad. Hay momentáneas y leves, tal vez otras se extienden más tiempo y pueden ser muy tristes.

Pero una cosa tenemos que aceptar y es que sólo en Jesús está la fortaleza y el poder para cambiar toda adversidad. Por fuerte que sea la tempestad Jesús puede cambiarla y llevarnos a vivir tiempos de bendición y paz.

Nos dice Lucas 17:11-13 "Aconteció que mientras Jesús iba camino a Jerusalén, pasaba entre Samaria y Galilea, y al entrar en cierta aldea, Le salieron al encuentro diez hombres leprosos, que se pararon a distancia, y gritaron: "¡Jesús, Maestro! ¡Ten misericordia de nosotros".

La prueba o crisis es en realidad una oportunidad para identificar la solidez de la fe en el Señor. Cuando todo está bien, no es complicado alabar a Dios, más bien se concluye que su bendición está de nuestro lado. En la Biblia podemos ver casos donde los cristianos experimentaron persecución y traición, aunque caminaban con el Señor.

Cosas como persecución y pruebas son momentos donde la fe debe brillar. En realidad la fe no procura comprenderlo todo, más bien está confiada en Aquel que todo lo puede y lo sabe.

La fe deposita su valor en el completo, perfecto y soberano amor de Dios por su pueblo. Es aquel amor que va mucho más allá de la comprensión del ser humano, es aquel amor que llevo a Jesús a morir de la manera más vergonzosa y vil por nosotros.

El pasaje bíblico de hoy nos dice: "yendo Jesús a Jerusalén... ellos le salieron al encuentro"... estos leprosos se dieron cuenta que el Señor Jesús pasaba por allí y decidieron buscarlo, ellos fueron diligentes y sabían que Jesús era la solución a su crisis. A veces el problema nos impide ver que la solución está en Dios mismo, por eso la Escritura nos aconseja poner nuestros ojos en el Señor.

La vida de un leproso hebreo no era nada fácil, según la mente judía el leproso estaba bajo el juicio de Dios; ellos debían habitar en las afueras de las ciudades; además tenían que anunciar su condición si otra persona se acercaba; el leproso estaba impedido para ingresar al templo, entre otras cosas. Además de perderlo prácticamente todo por su condición.

Pero ellos desde su difícil situación buscaron a Dios confiando en su poder, a pesar de todos los obstáculos creyeron y clamaron a Jesús y no fueron decepcionados: "Jesús, Maestro, ten misericordia". Y el Señor les oyó, y fue propicio a su ruego, los sanó y restauró sus vidas. Confía en Dios, él nunca te fallará.

Conclusión: El Señor es bueno, cuida a sus hijos. Es posible tener creer en medio de la dificultad, Dios no ha cambiado, está sentado en Su trono gobernando todas las cosas, sigue haciendo milagros.

Te invitamos a adquirir la serie de estudios cristianos, aquí en: <u>Sermones cristianos –Bosquejos y estudios bíblicos</u>.

CAPÍTULO 9

AGRADEZCAMOS A DIOS SU AMOR

Introducción: El pasaje bíblico de hoy nos recuerda un gran milagro en el ministerio del Señor Jesús: la sanidad de los diez leprosos. La Biblia nos dice que el Señor iba caminando hacia Jerusalén, pero él se detuvo y "los vio", vemos entonces que captaron la atención del Maestro y fueron atendidos por él.

Lucas 17:14 nos dice: "Cuando él los vio, les dijo: Id, mostraos a los sacerdotes. Y aconteció que mientras iban, fueron limpiados"

Podemos ver que Jesús demanda una acción de fe. El Señor dijo: "id, mostraos a los sacerdotes", según la ley de los hebreos el leproso debía mostrarse al sacerdote y él certificaría su sanidad. Y "mientras iban, fueron limpiados", entonces mientras actuaban creyendo en la palabra del Señor, fueron sanados y liberados de aquel azote. Las acciones de fe agradan a Dios.

Es muy importante ejercitar la fe en las palabras de nuestro Dios, la fe camina sobre las palabras del Señor. Debemos recordar por ejemplo que mientras Pedro creyó en las palabras del Maestro él no se hundió al caminar sobre las aguas, pero al ver las olas, tuvo temor y empezó a hundirse. El Señor lo tomó de la mano y lo salvó.

La Escritura nos dice en Lucas 17:15-16 "Entonces uno de ellos, viendo que había sido sanado, volvió, glorificando a Dios a gran voz, y se postró rostro en tierra a sus pies, dándole gracias; y éste era samaritano". Un corazón agradecido adora y exalta al Señor. Fue un samaritano el que volvió a Jesús para agradecerle. Un corazón ingrato no honra a Dios.

Éste samaritano adoró al Señor Jesús, y el Maestro bendijo y honró a éste hombre por su corazón lleno de gratitud. La salvación es el milagro y don más grande, y el Señor Jesús le dijo al samaritano: "tu fe te ha salvado". No sólo fue sano sino salvo también.

Podemos concluir que un corazón agradecido anhela estar con Jesús, pues reconoce que él le salvó y transformó. Los nueve recibieron su sanidad, pero éste además recibió de Jesús vida eterna, y fue honrado por postrarse a los pies del Señor, recuerda "Dios da gracia a los humildes" y "honra a los que le honran". Bendito sea Dios.

Conclusión: Jesucristo murió por nosotros, debemos dar al Señor todo nuestro ser en adoración y gratitud. Permitamos que haga su obra en nosotros, esa es la mejor adoración.

CAPÍTULO 10

JESÚS NOS LLEVA DE VICTORIA EN VICTORIA

Introducción: El Señor sacó al pueblo de Israel de la esclavitud en Egipto, lo llevó por el desierto hacía la tierra de la abundancia. Dios protegió a Israel de sus enemigos y lo ayudó a superar sus obstáculos. Sin duda el desierto es un camino duro y difícil, pero el Señor no los descuidó, él les mandó su provisión mediante obras sobrenaturales. No hay nada difícil para Dios.

Nos dice Juan 6:16-17 "Al atardecer Sus discípulos bajaron hasta el mar, y subiendo en una barca, se dirigieron al otro lado del mar, hacia Capernaúm. Ya había oscurecido, y Jesús todavía no había venido adonde ellos estaban"

Los planes de Dios requieren un crecimiento continuo. Aquí vemos que los discípulos de Jesús empiezan un viaje en la orilla oriental del mar de Galilea para ir a Capernaúm, es una distancia aproximada de doce kilómetros. Durante aquel día según nos dice Juan 6:1-2 y 10-12, habían ministrado muchas liberaciones, sanidades y milagros.

Debemos tener presente que en Capernaúm estaba la casa de Jesús, y esto nos habla de la morada de su presencia; en tanto que la orilla oriental representa los milagros, la provisión de Dios, ya que los discípulos se dirigen a Capernaúm, podemos ver aquí una secuencia que nos enseña cuán importante es pasar de las bendiciones a desear su presencia maravillosa.

El texto empieza diciendo: "al anochecer...", según los otros evangelios el mismo Jesús los envió: "Jesús hizo a sus discípulos entrar en la barca e ir delante de él a la otra ribera" Mateo 14:22. Entonces no fue una decisión de los discípulos, ellos están obedeciendo al Maestro. Cuando obedecemos al Señor aseguramos su presencia y eso es lo más importante.

Teniendo presente que la barca estaba siendo azotada por las olas y el viento estaba en su contra, vemos que el Señor Jesús viene a ellos y su presencia elimina todo temor (Juan 6:20). La expresión del Señor Jesús fue: "Yos soy, no temáis", frase muy usada por Dios para alentar y fortalecer a sus hijos.

La presencia del Señor Jesús asegura y afirma el cumplimiento del propósito divino, Juan 6:21 nos dice "le recibieron en la barca, la cual llegó enseguida a la tierra a donde iban", entonces aunque habían grandes olas y el fuerte viento estaba en su contra llegaron a su destino, la ciudad de Capernaúm.

Tal vez habrá obstáculos en el camino pero debemos estar confiados que el mismo Señor nos dará la victoria, con su poder llegaremos a nuestro destino.

Conclusión: El Señor tiene maravillosos planes con cada uno de sus hijos, aparecerán obstáculos que superar, pero lo más importante es confiar en el poder del Señor, Él se encargará de todo. Adelante, Dios está contigo.

Puedes conocer todos nuestros libros en: AMAZON.COM PASTOR GONZALO SANABRIA.

CAPÍTULO 11

LA OFRENDA DE ABEL

Introducción: Había una Iglesia vieja que necesitaba una remodelación, entonces, durante el servicio, el pastor hizo una apasionada propuesta. Al final del servicio, un hombre muy rico se paró y anunció, "Pastor, Voy a contribuir con mil dólares". Entonces, un pedazo de yeso cayó del techo y lo golpeó.

Rápidamente él hombre rico se paró de nuevo, gritando: "Pastor, Incrementaré mi donación a 5 mil dólares". Antes de que se pudiera sentar, le cayó otro pedazo de yeso del techo y dijo: "Pastor, voy a dar 10 mil dólares". Se sentó, y otro pedazo de yeso cayó sobre su cabeza. Se paró y gritó: "Pastor, daré 20 mil dólares"...silencio... De pronto un anciano de la iglesia gritó: "¡Vuélvele a pegar, Señor! ¡Vuélvele a pegar!". Dios nos ayude a tener un corazón generoso.

I. POR SU FE ABEL AGRADÓ A DIOS. Hebreos 11:4.

"Por fe Abel ofreció a Dios más excelente sacrificio que Caín, por lo cual alcanzó testimonio de que era justo, dando Dios testimonio de sus ofrendas; y muerto, aún habla por ella".

A. Su ofrenda fue en obediencia a Dios.

Seguramente sus padres les habían enseñado como acercarse a Dios, pues Adán y Eva pecaron y Dios los cubrió con pieles de animales, esto implica sacrificio, y así lo hizo Abel (en obediencia), pero Caín lo hizo a su manera (Caín es figura de aquel que quiere acercarse a Dios a su manera, que quiere "obedecer a Dios" de acuerdo a sus propios argumentos).

B. Su ofrenda fue más excelente.

La frase "más excelente" viene del término griego "pleíon" que traduce además: más en cantidad, más en número o más en calidad. Porción mayor. Más grande. La mayor parte. Mayor dignidad. Superior.

Abel era consciente que esa ofrenda era para el Rey de reyes, el Creador, el dueño de todas las cosas incluso de todo el rebaño de sus ovejas. Recordemos que Dios también construye a través de la ofrendas de su pueblo.

C. Dios honró a Abel por sus ofrendas.

Aparece en la Biblia la frase: "sus ofrendas" en plural, indicándonos una de dos cosas:

1. Abel presentó varias veces una oveja, o
2. Abel presentó una ofrenda de varias ovejas.

Dios lo justificó por su fe (pues éste sacrificio es un símbolo de Cristo), y esa fe llevó a Abel a hacer algo extraordinario, es decir fue más allá de lo ordinario o común. La fe en Dios nos lleva a hacer cosas especiales para él, por eso dice: "por la fe Abel...".

Por la fe Abel fue justificado, ésta ofrenda es figura del sacrificio de Jesús, pues el Hijo de Dios ofrendó su vida al Padre por la salvación de la humanidad.

Por la ofrenda que presentó Dios sigue dando testimonio de él. Hace muchos siglos murió, pero sigue vivo, pues sigue hablando por su ofrenda. Ése testimonio no sólo es ante los hombres, es también en el mundo espiritual, recordemos que Satanás le dijo a Dios acerca de Job:

"¿No le has rodeado de un vallado protector a él, a su casa y a todo cuanto tiene? Has bendecido el trabajo de sus manos, y sus ganados se esparcen por el país" (Versión Nacar-Colunga). También en el libro de Malaquías dice: "yo reprenderé por vosotros al devorador y no destruirá el fruto de la tierra". La ofrenda de Abel daba la fuerza al testimonio de Dios, y permitía la bendición y protección sobre sus rebaños.

II. POR SU FE ABEL ENTREGÓ UNA OFRENDA DE SUS LABORES. Génesis 4:1-5.

"Y conoció Adán a su esposa Eva, la cual concibió y dio a luz a Caín, y dijo: He adquirido varón de parte de Jehová. Y después dio a luz a su hermano Abel. Y Abel fue pastor de ovejas, y Caín fue labrador de la tierra. Y aconteció en el transcurrir del tiempo, que Caín trajo del fruto de la tierra una ofrenda a Jehová.

Y Abel trajo también de los primogénitos de sus ovejas, y de su grosura. Y miró Jehová con agrado a Abel y a su ofrenda; mas no miró con agrado a Caín y a su ofrenda. Y se ensañó Caín en gran manera, y decayó su semblante".

A. A través de las ofrendas reconocemos el Señorío de Dios.

Dios es dueño y Señor de todo, mediante las ofrendas estamos reconociendo y expresando esa verdad que creemos, por ej: los sabios de oriente trajeron incienso, oro y mirra, reconociendo a Jesús como Rey, honrándolo como el Rey de reyes.

Él es el dueño del oro y de la plata, él le da al hombre el poder de hacer las riquezas, eso dice la Biblia. Por eso la Escritura nos invita y dice: "Honra a Jehová con tus bienes, y con las primicias de todos tus frutos" (Proverbios 3:9). El término "honrar" significa aquí: dar honor, dar gloria, dignificar, estimar, reconocer.

B. Abel presentó la primicia de sus ovejas al Señor, versículo 4.

Recordemos que Cristo es primicia del Padre, quien lo dio, y por eso hoy tiene una gran cosecha de hijos, la Escritura dice:

"de tal manera amó Dios al mundo, que dio "a su Hijo" y otro pasaje dice: "él es el primogénito *(primero)* entre muchos hermanos".

El término hebreo para "primogénito" es "bekorá" y traduce: primogénito, primicia, mayor. Algunas versiones traducen aquí: "primeros nacidos", "primeras crías", "los primerizos", no lo hizo con dolor, o tristeza, de hecho la Escritura dice:

"El que siembra escasamente, también segará escasamente; y el que siembra generosamente, generosamente también segará. Cada uno dé como propuso en su corazón: no con tristeza, ni por necesidad, porque Dios ama al dador alegre", (2 Corintios 9:6-7).

La Escritura nos enseña que Abel ofreció varias ovejas, el texto dice: "primogénitos". Otra versión dice: "También Abel llevó al Señor las primeras y mejores crías de sus ovejas. El Señor miró con agrado a Abel y a su ofrenda", (DHH).

Es por eso que en Hebreos dice: "dando Dios testimonio de sus ofrendas", en plural. Es hermoso ver que aún no había venido Cristo, pero la actitud de su corazón, fue darle lo primero a Dios.

"Como reconocimiento del hecho de que todos los productos de la tierra y las crías de sus ganados venían de Dios, y para mostrar su gratitud por su bondad, los israelitas llevaban como ofrenda una porción de los frutos que maduraban primero y se consideraba que eran una promesa de la cosecha venidera".

C. Abel escogió lo mejor para presentar a Dios.

La expresión "de lo más gordo de ellas", vrs 4, nos deja ver que él seleccionó, que él escogió, y tomó lo mejor. La palabra "gordo" del hebreo kjéleb traduce: ser gordo, abundancia, mejor, destacando la parte más rica o selecta.

La primicia de Abel sigue hablando por él. Dios no sólo mira lo que traemos, sino el corazón con que venimos a él, por eso dice: "y miró Jehová con agrado a Abel y a su ofrenda", primero Dios mira a la persona, luego mira la ofrenda.

Cuando vamos a presentar a Dios nuestras ofrendas deben estar acompañadas de fe, gratitud, gozo, amor a Dios.

Conclusión: Dios envió su Hijo para darnos salvación, vida y vida en abundancia. Su amor por nosotros debe impulsarnos a agradecerle con todo nuestro ser, y ésta gratitud debe acompañar todo lo que hacemos para él.

CAPÍTULO 12

ME GOZARÉ EN DIOS

Introducción: Dormía un león, cuando de pronto un ratón empezó a jugar sobre su cuerpo. Entonces despertó el león y atrapó al ratón; y a punto de ser devorado, el ratón le pidió que lo perdonara, prometiendo devolver más adelante el favor. Jactándose, el rey de la selva se echó a reír, pero finalmente lo dejó marchar. Poco tiempo después unos cazadores atraparon al león y le ataron con una cuerda a un árbol.

Pasó por aquel lugar el ratón, quien al oír los lamentos del león, corrió a ese lugar y royó la cuerda, dejándolo libre, y entonces le dijo: "Te burlaste de mí, pensando que nada podría hacer por ti. Pero recuerda, no somos capaces de hacerlo todo".

Por eso pues debemos despojarnos del orgullo, de la soberbia y autosuficiencia, reconocer que necesitamos a Dios, y que él es Todopoderoso y bueno para ayudarnos en todas nuestras circunstancias.

Nos dice Habacuc 3:17-18 "Aunque la higuera no florezca, ni en las vides haya frutos, aunque falte el producto del olivo, Y los labrados no den mantenimiento, y las ovejas sean quitadas de la majada, y no haya vacas en los corrales; Con todo, yo me alegraré en Jehová, Y me gozaré en el Dios de mi salvación".

El texto nos deja ver que el profeta Habacuc es consciente de la prueba y la adversidad. Éste libro profético es escrito en el año 600 A.C. aproximadamente antes del cautiverio babilónico, pero ya era bien conocida la fuerza y el poder del imperio de Babilonia, y estaba profetizado éste cautiverio para Israel (seguramente había incertidumbre, miedos, y todos sabían de la crueldad del ejército de Babilonia).

Así que por las sequías o por el ejército de Babilonia, se acabarían o serían destruidos los viñedos, las higueras, el aceite, las ovejas y las vacas, productos principales de Israel (pueblo agricultor y ganadero).

El Libro del profeta Habacuc es un libro que toma su nombre de su autor y probablemente significa "uno que abraza".

Al final de ésta profecía, este nombre se vuelve apropiado conforme el profeta se aferra a Dios independientemente de los planes y pruebas del Señor hacia su pueblo. Esto nos recuerda que el gozo del creyente está en Dios mismo, no en las circunstancias
Habacuc decide confiar y gozarse en el Señor.

Por eso el versículo diez y siete, comienza diciendo: "Aunque", y el versículo diez y ocho nos dice: "con todo, me gozaré en

Dios". Al observar el final de éste libro vemos que aparece una inscripción: "Al jefe de los cantores. Para instrumentos de cuerdas", lo que sugiere entonces que Habacuc era un levita (cantor, músico), concluimos además que no sólo era un músico, era ante todo un adorador.

La adoración debe estar centrada en la esencia y poder de Dios mismo, por eso podemos ver la fuerza de la fe del profeta. Vemos que la razón de su alegría, de su gozo era Dios mismo, no la "bendición".

Son interesantes aquí los significados de su nombre. Habacuc significa: "hierba fragante" (nos habla de una vida agradable a Dios), y también significa: "el que abraza", es decir uno que ama, uno que se aferra a Dios; por su estilo de vida, que es la mejor adoración, Habacuc mostraba su amor y fidelidad a Dios.

El texto de hoy nos dice: "me alegraré en Jehová, me gozaré en el Dios de mi salvación", los términos hebreos para alegrarse y gozarse, usados aquí, traducen e indican: "saltar de gozo", "regocijarse, divertirse", "girar alrededor", "gritar de regocijo", hablamos entonces de un gozo manifiesto, evidente.

El profeta confiado en la bondad de Dios no permitió que la adversidad derribara su gozo en Dios, sino que lo expresa con fuerza (recuerda "el gozo del Señor es nuestra fuerza").

Conclusión: En el camino del Señor Jesucristo aparecerán dificultades y obstáculos que superar, incluso momentos de gran escasez (como le ocurrió a Israel y al profeta Habacuc), pero estos son momentos donde debemos fortalecer nuestra fe en el Señor, pues al final veremos la bendición y victoria en Jesucristo nuestro Señor.

CAPÍTULO 13

PUEDES CONFIAR EN DIOS

Introducción: Cuando el panorama es oscuro y complicado, en necesario depositar nuestra confianza en Dios. Una y otra vez la Biblia nos enseña cómo Dios cuida a sus hijos. Las grandes tormentas e inmensos obstáculos, cuando caminamos con el Señor, se convierten en tremendas oportunidades para crecer en la fe y conocer más acerca del poder de nuestro Dios.

a) Las pruebas o dificultes llegan por la voluntad del Señor o por las malas decisiones, Lucas 23: 26-27.

"Y llevándole, tomaron a un Simón cireneo, que venía del campo, y le pusieron encima la cruz para que la llevase en pos de Jesús. Y le seguía una gran multitud del pueblo, y de mujeres que le lloraban y lamentaban".

Dios". Al observar el final de éste libro vemos que aparece una inscripción: "Al jefe de los cantores. Para instrumentos de cuerdas", lo que sugiere entonces que Habacuc era un levita (cantor, músico), concluimos además que no sólo era un músico, era ante todo un adorador.

La adoración debe estar centrada en la esencia y poder de Dios mismo, por eso podemos ver la fuerza de la fe del profeta. Vemos que la razón de su alegría, de su gozo era Dios mismo, no la "bendición".

Son interesantes aquí los significados de su nombre. Habacuc significa: "hierba fragante" (nos habla de una vida agradable a Dios), y también significa: "el que abraza", es decir uno que ama, uno que se aferra a Dios; por su estilo de vida, que es la mejor adoración, Habacuc mostraba su amor y fidelidad a Dios.

El texto de hoy nos dice: "me alegraré en Jehová, me gozaré en el Dios de mi salvación", los términos hebreos para alegrarse y gozarse, usados aquí, traducen e indican: "saltar de gozo", "regocijarse, divertirse", "girar alrededor", "gritar de regocijo", hablamos entonces de un gozo manifiesto, evidente.

El profeta confiado en la bondad de Dios no permitió que la adversidad derribara su gozo en Dios, sino que lo expresa con fuerza (recuerda "el gozo del Señor es nuestra fuerza").

Conclusión: En el camino del Señor Jesucristo aparecerán dificultades y obstáculos que superar, incluso momentos de gran escasez (como le ocurrió a Israel y al profeta Habacuc), pero estos son momentos donde debemos fortalecer nuestra fe en el Señor, pues al final veremos la bendición y victoria en Jesucristo nuestro Señor.

CAPÍTULO 13

PUEDES CONFIAR EN DIOS

Introducción: Cuando el panorama es oscuro y complicado, en necesario depositar nuestra confianza en Dios. Una y otra vez la Biblia nos enseña cómo Dios cuida a sus hijos. Las grandes tormentas e inmensos obstáculos, cuando caminamos con el Señor, se convierten en tremendas oportunidades para crecer en la fe y conocer más acerca del poder de nuestro Dios.

a) Las pruebas o dificultes llegan por la voluntad del Señor o por las malas decisiones, Lucas 23: 26-27.

"Y llevándole, tomaron a un Simón cireneo, que venía del campo, y le pusieron encima la cruz para que la llevase en pos de Jesús. Y le seguía una gran multitud del pueblo, y de mujeres que le lloraban y lamentaban".

El momento de la crucifixión del Señor Jesús era muy doloroso para todos: para el mismo Señor, para sus discípulos, y para la multitud que seguía al maestro, pero Jesús estaba haciendo la voluntad del Padre celestial: entregar su vida en sacrificio por todos nosotros.

En otras ocasiones nuestra vida vive momentos críticos, porque tomamos malas decisiones (no son pruebas, sino consecuencias), por ejemplo Moisés no entró a la tierra prometida por golpear la Roca en el desierto.

b) Nuestra comunión con el Señor nos dará la fuerza para enfrentar la prueba, Lucas 23:28-31.

"Más Jesús, volviéndose a ellas, les dijo: Hijas de Jerusalén, no lloréis por mí, sino llorad por vosotras mismas y por vuestros hijos. Porque he aquí vendrán días en que dirán: Bienaventuradas las estériles, y los vientres que no engendraron, y los pechos que no amamantaron. Entonces comenzarán a decir a los montes: Caed sobre nosotros; y a los collados: Cubridnos. Porque si en el árbol verde hacen estas cosas, ¿en el seco, qué se hará?".

El Señor Jesús a quienes están llorando les dice: "clamen por ustedes, y por sus hijos, pues si esto hacen con el árbol verde, cuánto peor será lo que harán con el seco?" es algo así como: "si esto hacen con el inocente, que pasará con los culpables?" el Señor Jesús está profetizando aquí, lo que vendrá, es decir tiempos de destrucción para Jerusalén.

La comunión sincera con Dios les iba a fortalecer en medio de esa futura situación (observamos que Jesús las llama: "Hijas de Jerusalén", Versículo 28, pues no venían de Galilea, eran observadoras locales, sus lágrimas eran de dolor por el sufrimiento del reo, no necesariamente de arrepentimiento).

Es fundamental sostener y cuidar nuestra comunión con Dios en todo tiempo, por eso el apóstol Pablo por el Espíritu también nos dice: "fortaleceos en el Señor, tomad toda la armadura de Dios, para que podáis resistir en el día malo y permanecer firmes".

c) En muchas ocasiones nuestros tiempos son incomprensibles para nuestra mente, Lucas 23:32-43.

"Y llevaban también con Él a otros dos, que eran malhechores, a ser muertos. Y cuando llegaron al lugar que es llamado El Calvario, le crucificaron allí, y a los malhechores, uno a la derecha y otro a la izquierda. Y Jesús decía: Padre, perdónalos, porque no saben lo que hacen" Lucas 23:32-34.

Éste momento de la vida de Jesús era muy difícil de entender para la multitud y para los discípulos, para su madre y sus hermanos. Podemos contemplar varias razones por las cuales era "ilógico" lo que estaba pasando:

¿Por qué tenía que morir de manera tan deshonrosa, y en medio de criminales?

¿Por qué en ese momento en la plenitud del ministerio?

¿Por qué ahora cuando hay tanto por hacer y tanto que conquistar?

¿Por qué si tan sólo lleva tres años con sus discípulos y en el ministerio?

Y seguramente muchas otras preguntas, pero la voluntad divina estaba detrás de todo esto, finalmente Dios sabía lo que estaba haciendo, aunque en la tierra no se entendía lo que estaba pasando en el momento.

d) El temor de Dios es una bendición, versículo 40.

"Y respondiendo el otro, le reprendió, diciendo: ¿No temes tú a Dios, aun estando en la misma condenación?".

La Biblia nos enseña que: "El temor de Dios es el principio de la sabiduría", "el temor de Dios es un tesoro", el temor de Dios debe ser la pareja inseparable de la fe, veamos Hebreos 11:7 (por ejemplo Noé no entendía, no veía, pero creyó y con temor de Dios construyó por ciento veinte años el arca).

El temor de Dios te hace pensar: "no entiendo, pero creo. No comprendo, pero confió en Su amor y Su cuidado, no entiendo lo que está pasando, pero le seguiré, no comprendo, pero voy a obedecer a Dios".

e) La confianza en Dios, siempre triunfará. Lucas 23:44-46.

"Y era como la hora sexta, y hubo tinieblas sobre toda la tierra hasta la hora novena. Y el sol se oscureció, y el velo del templo se rasgó por el medio. Entonces Jesús, clamando a gran voz, dijo: Padre, en tus manos encomiendo mi espíritu. Y habiendo dicho esto, entregó el espíritu".

El Señor usará muchas cosas para llevarnos al cumplimiento de su plan, algunas dolorosas como ésta (la crucifixión). Nuestra vida puede experimentar cambios repentinos, incomprensibles, difíciles, y quizá dolorosos, pero siempre al final comprobaremos una cosa: Dios es bueno.

Jesús dijo: "Padre, en tus manos encomiendo mi espíritu" la palabra encomiendo es traducida del término griego "paratithemi" que además significa: poner cerca de, encomendar, confiar, ofrecer, depositar. El Señor Jesús depositó, ofreció o confió su vida totalmente en las manos de la voluntad del Padre.

f) Tu fe glorifica al Señor, Lucas 23:47-49.

"Y cuando el centurión vio lo que había acontecido, dio gloria a Dios, diciendo: Verdaderamente este hombre era justo. Y toda la multitud de los que estaban presentes en este espectáculo, viendo lo que había acontecido, se volvían golpeándose el pecho. Y todos sus conocidos, y las mujeres que le habían seguido desde Galilea, estaban lejos mirando estas cosas".

El centurión romano (un gentil, capitán de cien soldados romanos) "dio gloria a Dios diciendo: Verdaderamente éste hombre era justo". Toda la multitud que le seguía y sus conocidos que venían desde Galilea, vieron lo sucedido: Jesús había muerto.

Sin embargo, el Señor confió en su Padre celestial, confió en Sus promesas (que al tercer día lo levantaría de entre los muertos) y tres días después, ángeles y demonios, discípulos y seguidores, eran testigos de Su victoria sobre la muerte, el Señor resucitó.

Éstos fueron días difíciles para los discípulos (soledad, fracaso, desanimo...), y aún para las multitudes, pero eran tiempos de cambio (a veces no entendemos los cambios a los cuales Dios nos somete, pero él sabe lo que hace, era necesario lo que estaba sucediendo).

Nacería la Iglesia del Señor, vendría el derramamiento del Espíritu Santo, los apóstoles y la iglesia caminarían en nuevos niveles de unción, poder y autoridad, el evangelio llegaría a los confines del mundo conocido.

Reflexión final: Dios sabe lo que hace, todo está en sus manos y en esa verdad, deben descansar nuestros corazones... debemos confiar en el Señor en medio de los tiempos difíciles, con temor de Dios conducirnos en nuestra vida, y perseverar con una firme fe en el Dios todopoderoso, quien continua en

Su trono gobernando y tiene el dominio de todas las cosas. Confía en Dios.

(Te invitamos a leer nuestro libro en Amazon.com: <u>Temas cristianos para predicar</u>).

CAPÍTULO 14

JESÚS ES NUESTRO SANADOR Y SALVADOR

Introducción: Ante las dificultades, obstáculos o ataques espirituales, aparecen generalmente también el desánimo, la incredulidad, la crítica o la murmuración, que como enemigos intentan derribar la fe, procuran desvirtuar bondad del Señor, su gran poder y soberanía.

Es muy importante tener presente que al Señor nada lo toma por sorpresa, Dios continúa en su trono y gobierna todas las cosas, él es el mismo y por eso sigue haciendo milagros, es Aquel Todopoderoso que llega en el momento justo para manifestar su amor, cuidado y poder.

Cita Bíblica: Evangelio de Mateo 8:14-15.

"Vino Jesús a casa de Pedro, y vio a la suegra de éste postrada en cama, con fiebre. Y tocó su mano, y la fiebre la dejó; y ella se levantó, y les servía".

A) La presencia de Jesucristo transforma todas las cosas.

Cuando el Señor Jesucristo llega a un lugar todo es transformado. En éste caso vemos que había enfermedad en casa de Pedro. A veces en nuestra casa hay tristeza, depresión, crisis matrimonial, dificultades con los hijos, heridas del corazón, pero Jesucristo es todopoderoso para transformar las circunstancias.

La suegra de Pedro estaba postrada en cama con fiebre (enferma, limitada, impotente), y el Señor Jesús la tocó... e inmediatamente aquello que la oprimía se fue, y nos dice la Biblia que ella se levantó "y les servía". Tal vez has caído, o tropezado, o estas postrado y herido, o desanimado, pero el Señor puede levantarte, y renovarte para que lo sigas y para que con gratitud le sirvas y avances hacia el plan de Dios.

B) Sigue a Jesús y él actuará a tu favor.

Este pasaje bíblico nos enseña también que como Pedro con su suegra enferma en su casa, podemos estar siguiendo al Señor Jesús y sirviéndole, y tener adversidades y dificultades que superar en casa.

Ante esto, debemos tomar nuevas fuerzas en el Señor y perseverar, y Jesús llegará en el momento preciso para establecer su poder, voluntad y bendición en nuestra familia. El apóstol Pedro y los discípulos rogaron a Jesús por ella, esto es intercesión: Marcos 1:29-31. No abandones tu oración por tu familia, ya que Dios hará Su obra a su tiempo.

C) El Señor Jesucristo produce sanidad y liberación, Mateo 8:16.

"Y caída la tarde, trajeron a Él muchos endemoniados; y con la palabra echó fuera a los espíritus, y sanó a todos los que estaban enfermos".

El Señor Jesús es libertador y sanador por excelencia, nos dice la Biblia: "...y con la palabra echó fuera a los demonios, y sanó a todos los enfermos". Jesús es la respuesta y verdad para toda la humanidad.

El texto de hoy nos enseña cómo venía la gente a Jesús: afligidos espiritualmente, vacíos en su corazón (aunque eran muy religiosos como buenos judíos), muy mal físicamente (enfermos y con dolencias) y emocionalmente con depresión, resentimientos, confundidos... pero encontraron en el Señor Jesús la respuesta a todas sus preguntas.

Es muy importante destacar aquí que Capernaúm (ciudad donde el apóstol Pedro vivía y ocurren éstos hechos) significa: "ciudad de consuelo", y precisamente esto fue lo que hallaron sus habitantes en Jesús: restauración, consuelo, sanidad y liberación.

El Señor Jesús es la verdad que salva y libera a todos los hombres de la condenación eterna, y después de acercarnos al Señor, es fundamental seguirlo, pues él es el camino, la verdad y la vida.

D) El Señor Jesús es el Verdadero y Fiel, Mateo 8:17.

"Para que se cumpliese lo que fue dicho por el profeta Isaías, que dijo: Él mismo tomó nuestras enfermedades, y llevó nuestras dolencias".

La obra del Señor Jesús estaba profetizada, al igual que su segunda venida. El texto bíblico nos dice: "Para que se cumpliese lo dicho por el profeta Isaías" en Jesús se cumplió toda la palabra de Dios.

Respecto a Jesús, estaba dicho que nacería de una mujer que no había conocido varón, en la aldea de Belén, sobre él reposaría el Espíritu Santo, que predicaría en Galilea, que andaría ministrando sanidad a los enfermos y liberación a los cautivos, que entregaría su vida en una cruz y al tercer día se levantaría de los muertos, y fielmente en él se cumplió todo lo que estaba escrito. Dios es verdadero y fiel.

Reflexión final: Ante todo esto, podemos estar confiados que Dios siempre cumplirá sus palabras, él no miente, es fiel y verdadero, por eso aunque los hombres e instituciones te fallen, él nunca te fallará, puedes confiar plenamente en él. Jesús es sanador y salvador por excelencia.

(Te invitamos a leer nuestro libro en Amazon.com: <u>50 Sermones cortos para predicar</u>).

CAPÍTULO 15

CON DIOS PUEDES VENCER TODA ADVERSIDAD

Introducción: En nuestro camino de la fe pueden aparecer muchos obstáculos, y además tendremos que enfrentar al maligno, pero Dios conociendo esto nos ha equipado para avanzar y vencer en su Nombre.

1) En muchas ocasiones las cosas que hacemos no resultan como esperamos (1 Samuel 30:6a).

"Y David fue muy angustiado, porque el pueblo hablaba de apedrearlo".

David ante la asechanza del Saúl se había escondido en el pueblo filisteo, y se hacía pasar como un israelita fiel a ellos. Cuando David a su tierra encuentra todo destruido y se habían llevado a todas las mujeres con sus hijos: 1 Samuel 30:1-4.

Vemos pues que a veces llegan a nuestra vida momentos sumamente dolorosos y frustrantes. El corazón del pueblo que seguía a David se había llenado de angustia y amargura, tanto que pensaron en apedrearlo. El dolor y la frustración llenaban sus corazones

2) Puede ocurrir también que el liderazgo sea despreciado.

Las Sagradas Escrituras nos enseñan que el pueblo hablaba de apedrear a David, estas piedras irían entonces cargadas de enojo, resentimiento, ira, amargura, vemos entonces que un sentimiento de enojo puede matar un gran afecto.

Debemos pensar en el liderazgo en la familia, en la empresa, universidad, iglesia, cualquier grupo, y tal vez experimentar allí el menosprecio. Debemos ser conscientes que esto puede suceder.

3) Debemos responder de manera ante la dificultad.

Ante la dificultad podemos quejarnos, molestarnos, murmurar, alegar, enojarnos con otros, abandonarlo todo, culpar a otros por lo sucedido, o expresar muchas excusas para justificarnos.

Quienes seguían a David se enojaron y proyectaron su ira contra David y la manera de sacar esa ira sería lanzándole piedras, aún acabar con su vida. Cuidémonos pues de la ira y la amargura pues nos llevan a cometer locuras.

4) ¿Cómo luchar y vencer las dificultades?

Observemos con detalle el comportamiento de David: 1 Samuel 30:6b-8a. Vemos que David hizo lo siguiente:

Él busco a Dios y se fortaleció en él.

Consultó al Señor para saber qué decisión tomar.

Se aseguró del respaldo y presencia de Dios.

Entonces aprendemos que ante la dificultad debemos buscar a Dios, fortalecernos en él, y pedir su consejo para actuar. No hagamos las cosas alocadamente, pues esto puede producir perdidas, desgaste, dolores y mayores vergüenzas. Avancemos guiados por el Señor.

5) Inevitablemente eres ejemplo.

Las situaciones críticas o de gran presión (como la que vivió David) permite ver nuestro verdadero carácter (lo ven los otros y nosotros también). Todos aquellos que seguían a David tuvieron la oportunidad de ver el rostro y las acciones de su líder ante semejante situación: el dolor de la pérdida, las amenazas de sus propios hombres, y la frustración.

El comportamiento de David ante semejante situación marcó el corazón de sus soldados. Nuestras acciones afectarán para bien o para mal.

David alcanzó una gran conquista, rescató a todos los suyos, y sus pertenencias, más el botín que los enemigos de Dios tenían. Porque cuando hacemos lo que el Señor dice tendremos su respaldo, y aún nos dará más de lo que esperamos o deseamos.

Reflexión final: El Señor espera que lo busquemos, que contemos con él, que no actuemos alocadamente. Las más grandes victorias se alcanzan en la intimidad con Dios. La mejor dirección es aquella que alcanzamos en la comunión con el Espíritu Santo.

Esperamos que este libro haya sido de tu agrado.
Muchas gracias.

Recuerda que puedes adquirir la serie de sermones para predicar:

"75 SERMONES PARA PREDICAR".

"BOSQUEJOS Y SERMONES DE LA BIBLIA".

"PALABRAS QUE TRANSFORMAN EL CORAZÓN. TOMO 1"

"SERMONES PARA PREDICAR, TOMO 2"

"SERMONES PARA PREDICAR, TOMO 3"

Te presentamos otros libros del autor:

1) **EL LENGUAJE DEL ESPÍRITU SANTO (Descubre los dones y el poder del Espíritu de Dios).**

¿Qué tanto conocemos al Espíritu Santo? ¿Tenemos una verdadera amistad con él? ¿Cuáles son y cómo funcionan los dones del Espíritu Santo? ¿Qué es la unción y cómo usarla correctamente? ¿Qué es la profecía y como examinarla correctamente? Estas y muchas preguntas más procuramos despejar en éste libro. La realidad del Espíritu Santo y su profundo deseo de comunicarse con el cristiano es una verdad que debe conocer todo hijo de Dios. Te invitamos a adquirirlo en Amazon.com: "EL LENGUAJE DEL ESPÍRITU SANTO".

2) SANIDAD PARA EL ALMA HERIDA:

Una realidad es que el alma ha sido lastimada o afectada a lo largo de la vida con una serie de experiencias traumáticas. Ignorar o no considerar esta verdad hace que muchas enfermedades, miedos y complejos afecten profundamente la vida del ser humano. Este libro es una herramienta o ayuda en éste proceso de sanidad o restauración. El Señor ha preparado para ti lo mejor, y la sanidad del alma es una sus grandes bendiciones. Sanidad, libertad y restauración para el corazón herido son los objetivos de éste libro. Te invitamos a verlo y adquirirlo en Amazon.com: SANIDAD PARA EL ALMA HERIDA.

3) ALIMENTO PARA EL ESPÍRITU (Reflexiones cristianas).

El Señor Jesús nos enseñó: "No sólo de pan vivirá el hombre, sino de toda palabra que sale de la boca de Dios", entonces es vital meditar y estudiar la Palabra de Dios. Cuando dejamos de hacerlo, nuestro espíritu se hace vulnerable y débil ante las tentaciones y obstáculos del diario vivir. Éste libro "Alimento para el espíritu" (Tomo 1) procura ser una herramienta de reflexión y edificación espiritual cristiana en medio de tu vida diaria. Te sugiero leer una reflexión (o capítulo) cada día, acompañada de una oración en la que permitas a Dios obrar en tu corazón. Te invitamos a verlo y adquirirlo en Amazon.com: ALIMENTO PARA EL ESPÍRITU.

4) ¿CÓMO ENFRENTAR Y SUPERAR LAS CRISIS?

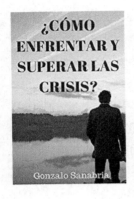

Desde la perspectiva cristiana en éste libro se expone la realidad de las crisis, su diversidad, su impacto en nuestra humanidad, las diversas reacciones y por supuesto los principios cristianos para enfrentar y superar dichas circunstancias. Con fundamento cristiano exponemos las diversas maneras y actitudes de patriarcas, profetas, apóstoles y diversas personas ante las situaciones más adversas y cómo su fe en Dios los llevó a grandes victorias. Te invitamos a verlo y adquirirlo en Amazon.com: *¿Cómo enfrentar y superar las crisis?*

5) LOS ÁNGELES QUE SE CONVIRTIERON EN DEMONIOS (Demonología cristiana).

Los demonios o espíritus inmundos no nacieron como demonios, ellos se convirtieron en esa clase de seres. Surgen ante esto muchas preguntas como: ¿Cuándo fue su origen? ¿Cómo eran al principio? ¿Cuáles eran sus actividades? ¿Por qué se convirtieron en demonios? ¿Cómo y por qué dañan a las personas? ¿Cómo defenderse de éstos? ¿Qué enseña la Biblia al respecto? Te invitamos a ver éste libro y adquirirlo en Amazon.com: *Los ángeles que se convirtieron en demonios (Demonología cristiana).*

6) PALABRAS QUE TRANSFORMAN EL CORAZÓN:

El libro contiene 55 sermones o mensajes de inspiración y motivación cristianos para edificación y crecimiento personal y/o de grupos. Están enriquecidos con notas y comentarios de reflexión personal, históricos, culturales, etc, por eso puede tomarse como libro devocional o de reflexión diaria. Los cincuenta y dos mensajes (o sermones) están bosquejados de manera sencilla y fácil de usar. Es una herramienta útil para estudiar, enseñar y predicar la Palabra de Dios. Te invitamos a verlo y adquirirlo en Amazon.com: *Palabras que transforman el corazón.*

Todos los libros del autor en: *AMAZON.COM PASTOR GONZALO SANABRIA*

Made in the USA
Middletown, DE
16 July 2020